꽃밭을 바라보는 일

한 국 대 표
명 시 선
1 0 0

장 석 남

꽃밭을 바라보는 일

시인생각

■ 시인의 말

추운 날 난로에 불을 피우면서 나는
그 일이 꼭 추위를 가리기 위한 일만은 아니라는 생각을 하게 된다.
불에서부터 오는 빛, 온기, 소리, 손짓, 펄럭임, 화평…….
그 앞에 홀로 앉아 있다. 홀로 앉아 있다.
여기 묶은 문장들은 추운 날들을 향한 기록이었다.
이 앞에 홀로 앉는 이 있다면
그는 나와 같이 추운 사람일 것이다.
--비로소 나는 둘, 혹은 셋이 되어 앉아 있다.
불빛 속에서부터 오는 사랑, 연민, 꿈, 죽음…….
저, 불의 소멸같이 다행하기를 빌며
또 불을 피운다.

누군가 등 뒤로 조용히 다가오기를
나는 기다리는지 모른다.
홀로 앉아 있는 것은
홀로라는 것을 안다는 점에서
저 불의 집중을, 삼매三昧를 따르지 못한다.
나를 하나씩 뽑아서 꺾어
불에 넣는다.
저, 불처럼 다행하기를…….

                              갓 마흔 아홉 寒鴉亭 주인
                                       장 석 남

■ 차 례 ——— 꽃밭을 바라보는 일

시인의 말

1

맨발로 걷기　13
초저녁 '밥별'이라는 별　15
군불을 지피며·2　16
새떼들에게로의 망명　17
저녁 햇빛에 마음을 내어 말리다
　　　—섬진강에서　19
모란의 누설　20
종일 손가락을 깨물다　21
5월　22
그리운 시냇가　23
옛노트에서　24
한진여　25

한국대표명시선100 장석남

2

송학동·1　29
봄 저녁　30
돌의 얼굴 —둘　31
꽃밭을 바라보는 일　32
서풍부　33
봉숭아를 심고　34
가여운 설레임　35
국화꽃 그늘을 빌려　36
꽃이 졌다는 편지　37
감꽃　40
왼쪽 가슴 아래께에 온 통증　41

3

배를 밀며   45

배를 매며   46

마당에 배를 매다   48

분꽃이 피었다   50

나주   51

못자리에 들어가는 못물처럼   52

수묵水墨 정원·1 —강江   53

수묵水墨 정원·9 —번짐   54

경주 황룡사터 생각   55

얼룩에 대하여   56

감   58

4

미소는, 어디로 가시려는가　61
매화꽃을 기다리며　63
감잎 쓸면서　64
연못　65
동지冬至　66
뺨의 도둑　67
싸리꽃들 모여 핀 까닭 하나를　68
말린 고사리　69
묵집에서　70
물맛　71
어느 해 낙산사 새벽종 치는 일을
　권해 받았으나 하지 못한 것을 후회함　72

5

바위그늘 나와서 석류꽃 기다리듯　77
대설　78
요를 편다　79
하문下問·1　80
가을 저녁의 말　81
나의 유산은　83
중년　84
옥수수밭의 살림　85
첫눈을 기다림　86
안부　87
망명　88

선집에 부쳐 살[肉]을 건너가는 법　89
장석남 연보　93

1

맨발로 걷기

생각난 듯이 눈이 내렸다

눈은 점점 길바닥 위에 몸을 포개어
제 고요를 쌓고 그리고 가끔
바람에 몰리기도 하면서
무언가 한 가지씩만 덮고 있었다

나는 나의 뒤에 발자국이 찍히는 것도
알지 못하고 걸었다

그 후 내
발자국이 작은 냇물을 이루어
근해에 나가 물살에 시달리는지
자주 꿈결에 물소리가 들렸고
발이 시렸다

또다시 나무에 싹이 나고
나는 나무에 오르고 싶어
아무 생각도 하지 못했다 그리고
잘못 자란 생각 끝에서 꽃이 피었다

생각 위에 찍힌 생각이 생각에
지워지는 것도 모르고

초저녁 '밥별'이라는 별

저녁때 밥을 먹습니다
저녁때 된장에 마른 멸치를 찍어 먹습니다
자꾸 목이 막혀 찬물도 몇 모금씩 마십니다
좀 더 어둡자 남쪽 하늘에 별이 떴습니다
그 별 오랫동안 쳐다보며 씹는 저녁밥
속으로 나는 그 별을 '밥별'이라고 이름 붙입니다
어느 틈엔가 그 별이 무척 신 얼굴로 진저리치며 빛납니다
눈에 어려 떨어질 듯
어느덧 그 별 내 들숨을 타고 들어와
마음에 떴습니다
누군가가 떠서 초저녁 저무는 마음을 내려다봅니다
삶은 드렁칡, 삶은 드렁칡, 마음 엉키고
눈에 드렁칡처럼 얽히는 별의 빛이여

군불을 지피며 · 2

집 부서진 것들을 주워다 지폈는데
아궁이에서 재를 끄집어내니
한 됫박은 되게 못이 나왔다
어느 집 가계家系였을까

다시 불을 넣는다
마음에서 두꺼운 연기가 피어오르고
잉걸로 깊어지는 동안
차갑게 일어서는 속의 못끝들

감히 살아온 생애를 다 넣을 수는 없고 나는
뜨거워진 정강이를 가슴으로 쓸어안는다

불이 휜다

새떼들에게로의 망명

　　1

찌르라기떼가 왔다
쌀 씻어 안치는 소리처럼 우는
검은 새떼들

찌르라기떼가 몰고 온 봄 하늘은
햇빛 속인데도 저물었다

저문 하늘을 업고 제 울음 속을 떠도는
찌르라기떼 속에
환한 봉분이 하나 보인다

　　2

누가 찌르라기 울음 속에 누워 있단 말인가
봄 햇빛 너무 빽빽해
오래 생각할 수 없지만
오랜 세월이 지난 후
나는 저 새떼들이 나를 메고 어디론가 가리라,

저 햇빛 속인데도 캄캄한 세월 넘어서 자기 울음 가파른
어느 기슭엔가로
　데리고 가리라는 것을 안다
　찌르라기떼 가고 마음엔 늘
　누군가 쌀을 안친다
　아무도 없는데
　아궁이 앞이 환하다

저녁 햇빛에 마음을 내어 말리다
— 섬진강에서

어미 소가 송아지 등을 핥아준다
막 이삭 패는 보리밭을 핥는 바람
아, 저 혓자국!
나는 그곳의 낮아지는 저녁 해에
마음을 내어 말린다

저만치 바람에
들국菊 그늘이 시큰대고
무릎이 시큰대고
적산가옥
청춘의 주소 위를 할퀴며
흙탕물의 구름이 지나간다

아, 마음을 핥는 문밖 마음

모란의 누설

바람들이 모여 쌀겨처럼 웃다 가고
햇빛들이 어룽어룽 몸을 말리다 떠나고

허기진 사랑과
여러 갈피 파본인 꿈이
매일 밤 곁에 누웠다 돌아가는
혈흔 뜬 세월

누설하는
모란모란꽃모란모란모란모란꽃!!!!!꽃
모란모란!!!!!!!!!!!!!!!!!!!!!!!!!모란꽃모
란!!!!!!!!!!!!!!모란모란꽃!!!!!!!!!!!!!!!!란

모란이 피어 봄은
명치가 아픕니다

종일 손가락을 깨물다

앓다 나와
물끄러미 장미꽃을 바라본다
눈감은 사이 문득
낙타가 걸어온다

눈뜨면
우리나라의 모든 국경이
모래바람으로 날아드는
철책 위 봄날
넘어가는
피투성이 낙타떼

비단길을 바라보며
종일 손가락을 깨물었다

5월

아는가,
찬밥에 말아먹는 사랑을
치한처럼 봄이 오고
봄의 상처인 꽃과
꽃의 흉터로 남는 열매
앵두나무가 지난날의 기억을 더듬어
앵두꽃잎을 내밀듯
세월의 흉터인 우리들
요즘 근황은
사랑을 물말아먹고
헛간처럼 일어서
서툰 봄볕을 받는다

그리운 시냇가

내가 반 웃고
당신이 반 웃고
아기 낳으면
돌멩이 같은 아기 낳으면
그 돌멩이 꽃처럼 피어
깊고 아득히 골짜기로 올라가리라
아무도 그곳까지 이르진 못하리라
가끔 시냇물에 붉은 꽃이 섞여내려
마을을 환히 적시리라
사람들, 한잠도 자지 못하리

옛 노트에서

그때 내 품에는
얼마나 많은 빛들이 있었던가
바람이 풀밭을 스치면
풀밭의 그 수런댐으로 나는
이 세계 바깥까지
얼마나 길게 투명한 개울을
만들 수 있었던가
물 위에 뜨던 그 많은 빛들,
좇아서
긴 시간을 견디어 여기까지 내려와
지금은 앵두가 익을 무렵
그리고 간신히 아무도 그립지 않을 무렵
그때는 내 품에 또한
얼마나 많은 그리움의 모서리들이
옹색하게 살았던가
지금은 앵두가 익을 무렵
그래 그 옆에서 숨죽일 무렵

한진여

  나는 나에게 가기를 원했으나 늘 나에게 가기 전에 먼저 등 뒤로 해가 졌으며 밀물이 왔다 나는 나에게로 가는 길을 알았으나 길은 물에 밀려가고 물속으로 잠기고 안개가 거두어갔다.
  때로 오랜 시간을 엮어 적막을 만들 때 저녁연기가 내 허리를 묶어서 참나무 숲 속까지 데리고 갔으나 빈 그 겨울 저녁의 숲은 앙상한 바람들로 나를 윽박질러 터트려버렸다
  나는 나인 그곳에 이르고 싶었으나 늘 물밑으로 난 길은 발에 닿지 않았으므로 이르지 못했다
  이후 바다의 침묵은 파고波高 3 내지 4미터의 은빛 이마가 서로 애증으로 부딪는 한진여의 포말 속에서만 있다는 것을 알았다
  침묵은 늘 전위 속에만 있다는 것을

2

송학동 · 1

계단만으로도 한동네가 되다니

무릎만 남은 삶의
계단 끝마다 베고니아의 붉은 뜰이 위태롭게
뱃고동들을 받아먹고 있다

저 아래는 어디일까 뱃고동이 올라오는 그곳은
어느 황혼이 섭정하는 저녁의 나라일까

무엇인가 막 쳐들어와서
꽉 차서
사는 것이 쓸쓸함의 만조를 이룰 때
무엇인가 빠져나갈 것 많을 듯
가파름만으로도 한 생애가 된다는 것에 대해
돌멩이처럼 생각에 잠긴다

봄 저녁

모과나무에 깃들이는 봄 저녁

봄 저녁에 나는 이마를 떨어뜨리며 섰는
목련나무에 깃들여보기도 하고

시냇물의 말[言]을 삭히고 있는
여울목을
가슴에 만들어보기도 하다가
이도저도 다 힘에 부치는
봄 저녁에는

사다리를 만들어
모과나무에 올라가
마지막 햇빛에 깃들여
이렇게, 이렇게
다 저물어서
사다리만 빈 사다리로 남겼으면

봄 저녁

돌의 얼굴
— 둘

삭혀야 할 것들이 있어서
속이 아플 때나
지나가는 여자를 보고 갑자기
길눈이 어두워질 때
나는 홍예문으로
돌의 얼굴을 보러 갑니다
그동안 내가 사귄 돌들은 벌써 많아서
봄 바다로 들어간 사람을 본 돌 벚꽃 떨어져 허리를 다친 돌 뱃고동에만 귀를 여는 돌 속에 음악이 가득한 돌 열에 떠서 금강석을 쥔 돌
돌의 얼굴에 새겨진 별의 자국
바람의 애무
그런 것들도 봅니다
그날 하루 버리고 싶은 발길들
그런 것들도
흔들리는 어떤 돌 밑에 괴이고 옵니다

꽃밭을 바라보는 일

저, 꽃밭에 스미는 바람으로
서걱이는 그늘로
편지글을 적었으면, 함부로 멀리 가는
사랑을 했으면, 그 바람으로
나는 레이스 달린 꿈도 꿀 수 있었으면,
꽃 속에 머무는 햇빛들로
가슴을 빚었으면 사랑의
밭은 처마를 이었으면
꽃의 향기랑은 몸을 섞으면서 그래 아직은
몸보단 영혼이 승한 나비였으면

내가 내 숨을 가만히 느껴 들으며
꽃밭을 바라보고 있는 일은
몸에, 도망 온 별 몇을
꼭 나처럼 가여워해 이내
숨겨주는 일 같네

서풍부

　아주 가끔은 내가 죽은 후에 내가 살던 자리에 무엇이 있을까 생각도 해보고자 강물 곁에 앉아보기도 하네. 내가 죽은 후에 내가 생각하던 내 생각 안의 어머니 자리엔 또 무엇이 있을지도 생각해본다네. 날개가 투명한 잠자리 같은 게 단출하게 앉았다 갈까? 그렇게 생각하기엔 더 허해지는 그 자리가 너무 섭섭지 않은가 하여 나는 내가 죽은 후에 내가 갈대 몇 부러뜨리며 지나온 흔적 이상 그 무엇이 더 있으랴 것도 없이 그냥 뒤 보지 말자고 훌쩍 일어서며 무릎뼈 꺾어지는 소리를 듣는다네. 발등 위로 비켜 지나가는 반半은 저물어 차가워진 볕자락을 이용해 눈을 식힌다네.

봉숭아를 심고

조그만 샛강이 하나 흘러왔다고 하면 될까
바람들이 슬하의 식구들을 데리고
내 속눈썹을 스친다고 하면 될까
봉숭아 씨를 얻어다 화분에 묻고
싹이 돋아 문득
그 앞에 쪼그리고 앉는 일이여
돋은 떡잎 위에 어른대는
해와 달에도 겸하여
조심히 물을 뿌리는 일이여

후일 꽃이 피고 씨를 터뜨릴 때
무릎 펴고 일어나며
일생을 잘 살았다고 하면 되겠나
그 중 몇은 물빛 손톱에게도 건너간
그러한 작고 간절한 일생이 여기 있었다고
있었다고 하면 되겠나
이 애기들 앞에서

가여운 설레임

내가 가진 돌멩이 하나는 까만 것
돌 가웃 된 아기의 주먹만 한 것
말은 더듬고 나이는 사마천보다도 많다
내 곁에 있은 지 오래여서 둥근 모서리에
눈[目]이 생겼다
나지막한 노래가 지나가면 어룽댄다

그 속에 연못이 하나 잔잔하다
뜰에는 바람들 가지런히 모여서 자고
벚꽃 길이 언덕을 넘어갔다
하얀 꽃 융단이 되어 내려온다

어떤 설레임으로 깨워야 다 일어나 내게 오나
내게 가르쳐준 이 없고 나는 다만
여러 가지 설레임을 바꾸어가며 가슴에 앉혀보는 것이다

오, 가여운 설레임들

국화꽃 그늘을 빌려

국화꽃 그늘을 빌려
살다 갔구나 가을은
젖은 눈으로 며칠을 살다가
갔구나

국화꽃 무늬로 언
첫 살얼음

또한 그러한 삶들
있거늘

눈썹달이거나 혹은
그 뒤에 숨긴 내
어여쁜 애인들이거나

모든
너나 나나의
마음 그늘을 빌려서 잠시

살다가 가는 것들
있거늘

꽃이 졌다는 편지

    1
이 세상에
살구꽃이 피었다가 졌다고 쓰고
복숭아꽃이 피었다가 졌다고 쓰고
꽃이 만들던 그 섭섭한 그늘 자리엔
야윈 햇살이 들다가 만다고 쓰고

꽃 진 자리마다엔 또 무엇이 있다고 써야 할까
살구가 달렸다고 써야 할까
복숭아가 달렸다고 써야 할까
그러니까 결실이 있을 것이라고
희망적으로 써야 할까

내 마음속에서
진 꽃자리엔
무엇이 있다고 써야 할까

다만
흘러가는 구름이 보이고

잎을 흔드는 바람이 가끔 오고
달이 뜨면
누군가 아이를 갖겠구나 혼자 그렇게
생각할 뿐이라고
그대로 써야 할까

    2

꽃 진 자리에 나는
한 꽃 진 사람을 보내어
내게 편지를 쓰게 하네

다만
흘러가는 구름이 잘 보이고
잎을 흔드는 바람이 가끔 오고
그 바람에
뺨을 기대보기도 한다고

나는 오지도 않는 그 편지를
오래도록 앉아서

꽃 진 자리마다
애기들 눈동자를 읽듯
읽어내고 있네

감꽃

감꽃이 피었다 지는 사이엔
이 세상에 와서 울음 없이 하루를 다 보낼 수 있는 사람
이 있다고는 믿을 수가 없다

감꽃이 저렇게 무명 빛인 것을 보면
지나가는 누구나
울음을 청하여 올 것만 같다

감꽃이 피었다 지는 사이는 마당에
무명 차양을 늘인 셈이다
햇빛은 문밖에서 끝까지
숨죽이다 갈 뿐이다

햇빛이 오고
햇빛이 또 가고
그 오고 가는 여정이
다는 아니어도 감꽃 아래서는
얼핏 보이는 때가 있다

일체가 다 설움을 건너가는
길이다

왼쪽 가슴 아래께에 온 통증

죽은 꽃나무를 뽑아낸 일뿐인데
그리고 꽃나무가 있던 자리를 바라본 일뿐인데
목이 말라 사이다를 한 컵 마시고는
다시 그 자리를 바라본 일뿐인데
잘못 꾼 꿈이 있었나?

인젠 꽃 이름도 잘 생각나지 않는 잔상殘像들
지나가는 바람이 잠시
손금을 펴보던 모습이었을 뿐인데

인제는 다시 안 올 길이었긴 하여도
그런 길이었긴 하여도

이런 날은 아픔이 낫는 것도 섭섭하겠네

3

배를 밀며

배를 민다
배를 밀어보는 것은 아주 드문 경험
희번덕이는 잔잔한 가을 바닷물 위에
배를 밀어넣고는
온몸이 아주 추락하지 않을 순간의 한 허공에서
밀던 힘을 한껏 더해 밀어주고는
아슬아슬히 배에서 떨어진 손, 순간 환해진 손을
허공으로부터 거둔다

사랑은 참 부드럽게도 떠나지
뵈지도 않는 길을 부드럽게도

배를 한껏 세게 밀어내듯이 슬픔도
그렇게 밀어내는 것이지

배가 나가고 남은 빈 물 위의 흉터
잠시 머물다 가라앉고

그런데 오, 내 안으로 들어오는 배여
아무 소리 없이 밀려들어오는 배여

배를 매며

아무 소리도 없이 말도 없이
등 뒤로 털썩
밧줄이 날아와 나는
뛰어가 밧줄을 잡아다 배를 맨다
아주 천천히 그리고 조용히
배는 멀리서부터 닿는다

사랑은,
호젓한 부둣가에 우연히,
별 그럴 일도 없으면서 넋 놓고 앉았다가
배가 들어와
던져지는 밧줄을 받는 것
그래서 어찌할 수 없이
배를 매게 되는 것

잔잔한 바닷물 위에
구름과 빛과 시간과 함께
떠 있는 배

배를 매면 구름과 빛과 시간이 함께
매어진다는 것도 처음 알았다
사랑이란 그런 것을 처음 아는 것

빛 가운데 배는 울렁이며
온종일을 떠 있다

마당에 배를 매다

마당에
녹음綠陰 가득한
배를 매다

마당 밖으로 나가는 징검다리
끝에
몇 포기 저녁별
연필 깎는 소리처럼
떠서

이 세상에 온 모든 생들
측은히 내려보는 그 노래를
마당가의 풀들과 나와는 지금
가슴 속에 쌓고 있는가

밧줄 당겼다 놓았다 하는
영혼
혹은,
갈증

배를 풀어
쏟아지는 푸른 눈발 속을 떠갈 날이
곧 오리라

오, 사랑해야 하리
이 세상의 모든 뒷모습들
뒷모습들

분꽃이 피었다

분꽃이 피었다
내가 이 세상을
사랑한 바 없이
사랑을 받듯 전혀
심은 바 없는데 분꽃은 뜰에 나와서
저녁을 밝히고
나에게 이 저녁을 이해시키고,

내가 이 세상에 오기 전의 이 세상을
보여주는 건지,
이 세상에 올 때부터 가지고 왔다고 생각되는
그 비애悲哀보다도 화사히
분꽃은 피어서 꽃 속을 걸어 나오는 이 있다
저물면서 오는 이 있다

나주

거기 그렇게 그렇게들 있습디다요
담 안에 널찍하니 마당을 들여놓고들 있습디다요
마침 감들이 빨간
빛들을 해가지고서는
담장들이 담 안에 마당을 들여놓듯이
가을 햇빛 같은 걸
부지런히 제 안에 들여놓고들 있습디다요
그 안에 같이 섞여 들어가고 싶습디다만
햇빛이 너무 밝아서요
햇빛이 너무나 밝아서는 어려웠어요

못자리에 들어가는 못물처럼

누구나 혼자 있을 때는
돈 걱정 여자 걱정 같은 거나 좀 면하면
못자리에 들어가는 못물 같은 것이나 생각해보면 좋다
그 못물이 못자리 한 바퀴 빙 돌아
새로 한 논둑에 생긴 손자국 발자국 앞에 슬몃 머무는 것
생각해보면 좋다

그것도 아니면
못자리에 들어가는 그 못물의 소리를
하루 중 가장 조용한 시간 가운데다
앉혀보는 것은 어떤가
그 소리로써 잠자리의 곁을 삼아보는 것은 어떤가

못자리에 들어가는 못물처럼
하루나 이틀 살아보는 것은 어떤가
아니, 여러날씩
살아보는 것은 어떤가

수묵水墨 정원 · 1
― 강江

먼 길을 가기 위해
길을 나섰다
강가에 이르렀다
강을 건널 수가 없었다
버드나무 곁에서 살았다
겨울이 되자 물이 얼었다
언 물을 건너갔다
다 건너자 물이 녹았다
되돌아보니 찬란한 햇빛 속에
두고 온 것이 있었다
그렇게 하지 말았어야 했다
다시 버드나무 곁에서 살았다

아이가 벌써 둘이라고 했다

수묵水墨 정원 · 9
— 번짐

번짐,
목련꽃은 번져 사라지고
여름이 되고
너는 내게로
번져 어느덧 내가 되고
나는 다시 네게로 번진다
번짐,
번져야 살지
꽃은 번져 열매가 되고
여름은 번져 가을이 된다
번짐,
음악은 번져 그림이 되고
삶은 번져 죽음이 된다
죽음은 그러므로 번져서
이 삶을 다 환히 밝힌다
또 한 번-저녁은 번져 밤이 된다
번짐,
번져야 사랑이지
산기슭의 오두막 한 채 번져서
봄 나비 한 마리 날아온다

경주 황룡사터 생각

지난 봄 경주 황룡사터엘 꼭 가보고 싶어
거길 갔었습니다
종달샌지 공중으로 떠오르다가 가라앉고
떠오르다가 가라앉고
주춧돌들 나란히 무릎 꼭 오그리고 제자리 앉았는 자리마다
하늘도 그 주춧돌의 하늘로서 하나씩 서 있었습니다
주춧돌 하나하나마다 앉아서 한 시간쯤씩
아니 하루쯤씩 앉아 있어보고 싶었습니다
어쩌면 허공을 오르락거리는 새들은
한평생씩 앉았다 가라는 것 같았지만
그만 내 가진 목숨이란 게 그걸 못하게 하고는 재촉하는 바람에 그냥 일어나고 말았습니다
어느 생에서는 꼭 그 주춧돌 위에
자정 넘긴 하루씩은 세워보고 싶은데
어디에 무슨 숨으로 기원해야 하는지 모르는 채
이승은 다 갈 것 같습니다
귀에 맴도는 종달새들 소리만 몇 남겨서
저승까지 굴러가야만 할 것 같습니다

얼룩에 대하여

못 보던 얼룩이다

한 사람의 생은 이렇게 쏟아져 얼룩을 만드는 거다

빙판 언덕길에 연탄을 배달하는 노인
팽이를 치며 코를 훔쳐대는 아이의 소매에
거룩을 느낄 때

수줍고 수줍은 저녁 빛 한 자락씩 끌고 집으로 갈 때
천수천안千手千眼의 노을 든 구름장들 장엄하다

내 생을 쏟아서
몇 푼의 돈을 모으고
몇 다발의 사랑을 하고
새끼와 사랑과 꿈과 죄를 두고
적막에 스밀 때

얼룩이 남지 않도록
맑게
울어 얼굴에 얼룩을 만드는 이 없도록

맑게
노래를 부르다 가야 하리

감

파르스름한 접시에 연시를 한 세 개만 담아 오세요
창 밖에 눈이 오도록만 바라보고 앉았다가
감 속에 까맣게 서 있는 씨앗들 보이도록만 앉았다가
일어서겠어요
감을 주세요
연애는 그토록 슬픈 거니까
어머니가 아버지를 만나듯 슬픈 거니까

4

미소는, 어디로 가시려는가

저 새로 난 꽃과 잎들 사이
그것들과 나 사이

미소는,
어디로 가시려는가
무슨 길을 걸어서
새파란
새파란
새파란 미소는,
어디만큼 가시려는가
나는 따라갈 수 없는가
새벽 다섯 시의 감포 바다
열 시의 등꽃 그늘
정오의 우물
두세 시의 소나기
미소는,
무덤가도 지나서 저
화엄사 저녁 종 지나
미소는,
저토록 새파란 수레 위를 앉아서

나와 그녀 사이 또는
나와 나 사이
미소는,
돌을 만나면 돌에 스며서
과꽃을 만나면 과꽃의 일과로
계절을 만나면 계절을 쪼개서
어디로 가시려는가
미소는,

매화꽃을 기다리며

매화분 하나를 구해 창가에 두고는
꽃봉오리 올라오는 것 바라보니
피멍든 듯 붉은 빛이 섞여서
겨우내 무슨 참을 일이 저렇듯 깊었을까 생각해 본다
안에서는 피지 마 피지 마 잡아당기는 살림이 있을 듯해
무언가 타이르러 오는 꽃일지 몰라
무언가 타이르러 오는 꽃일지 몰라
생각해 본다

집은 동향이라 아침빛만 많고
바닥에 흘린 물이 얼어붙어 그림자 미끄럽다
후일後日, 꽃이 나와서, 그 빛깔은
무슨 말인가
무슨 말인가
그 그림자 아래 나는 여럿이 되어 모여서
그 빛깔들을 손등이며 얼굴에까지 얹어보는 수고로움
향기롭겠다

감잎 쓸면서

오늘 아침으로
감잎들 다 쏟아져
그쪽 유리창에 새소리 유난했구나

빗자루 세우고,
말이 더디다던 이웃의 아이에게
이 소리를 들려주고 싶다고 생각하였네

헌데
감잎 쓸고 나니 마당은
하늘로 다 가고 말았네

나는 그제야 말문도 귀도 트여
발등에 이파리들
다 떨어뜨리네

연못

연못가에 앉아 있었다
연못가에 앉아 있었다
연못가에 앉아 있었다

바위와
바위와
구름과 구름과
바위와

손 씻고
낯 씻고
앉아 있었다

바람에
씻은 불처럼
앉아 있었다

연못은 혼자
꽃처럼 피었다 지네

동지冬至

생각 끝에,
바위나 한번 밀어보러 간다

언 내[川] 건너며 듣는
얼음 부서지는 소리들
새 시詩 같은,

어깨에 한짐 가져봄직하여
다 잊고 골짜기에서 한철
얼어서 남직도 하여

바위나 한번 밀어보러 오는 이 또 있을까?
꽝꽝 언 시 한 짐 지고
기다리는 마음
생각느니,

뺨의 도둑

　나는 그녀의 분홍 뺨에 난 창을 열고 손을 넣어 자물쇠를 풀고 땅거미와 함께 들어가 가슴을 훔치고 심장을 훔치고 허벅지와 도톰한 아랫배를 훔치고 불두덩을 훔치고 간과 허파를 훔쳤다 허나 날이 새는데도 너무 많이 훔치는 바람에 그만 다 지고 나올 수가 없었다 이번엔 그녀가 나의 붉은 뺨을 열고 들어왔다 봄비처럼 그녀의 손이 쓰윽 들어왔다 나는 두 다리가 모두 풀려 연못물이 되어 그녀의 뺨이나 비추며 고요히 고요히 파문을 기다렸다

싸리꽃들 모여 핀 까닭 하나를

 한 덩어리의 밥을 찬물에 꺼서 마시고는 어느 절에서 보내는 저녁 종소리를 듣고 있으니 처마 끝의 별도 생계를 잇는 일로 나온 듯 거룩해지고 뒤란 언덕에 보랏빛 싸리꽃들 핀 까닭의 하나쯤은 알 듯도 해요

 종소리 그치면 흰 발자국을 내며 개울가로 나가 손 씻고 낯 씻고 내가 저지른 죄를 펼치고 가슴 아픈 일들을 펼치고 분노를 펼치고 또 사랑을 펼쳐요 하여 싸리꽃들 모여 핀 까닭의 다른 하나를 알아내곤 해요

말린 고사리

말린 고사리 한 뭉치
무게를 누군가 묻는다면
하여튼 묻는다면
내 봄날을 살아낸 보람 정도라
답으로 준비한다
곰곰이 생각하여도
그러하였으니까

말린 고사리 두어 뭉치 더 담아서
이름난 백화점 봉지에 넣어서
사랑스런 분에게 주었다 치자
또 받았다 치자

잘 받아서 집으로 돌아가며 그 무게가 궁금은 하겠지만
우리들이 한 해 살아온 보람 정도라고는 생각지 못할 거야
그렇구 말구
말린 고사리

묵집에서

묵을 드시면서 무슨 생각들을 하시는지
묵집의 표정들은 모두 호젓하기만 하구려

나는 묵을 먹으면서 사랑을 생각한다오
서늘함에서
더없는 살의 매끄러움에서
떫고 씁쓸한 뒷맛에서
그리고

아슬아슬한 그 수저질에서
사랑은 늘 이보다 더 조심스럽지만
사랑은 늘 이보다 위태롭지만

상 위에 미끄러져 깨져버린 묵에서도 그만
지난 어느 사랑의 눈빛을 본다오
묵집의 표정은 그리하여 모두 호젓하기만 하구려

물맛

물맛을 차차 알아간다
영원으로 이어지는
맨발인,

다 싫고 냉수나 한 사발 마시고 싶은 때
잦다

오르막 끝나 땀 훔치고 이제
내리닫이, 그 언덕 보리밭 바람 같은,

손뼉 치며 감탄할 것 없이 그저
속에서 훤칠하게 뚜벅뚜벅 걸어 나오는,
그 걸음걸이

내 것으로도 몰래 익혀서
아직 만나지 않은, 사랑에도 죽음에도
써먹어야 할

훤칠한
물맛

어느 해 낙산사 새벽종 치는 일을
권해 받았으나 하지 못한 것을 후회함

종소리가 온다. 어느 절에서 오는지 모른다. 나는 슬며시 방문을 밀고 나와 앉는다. 좀 더 맑게 온다. 이제 몇 번째인가? 나는 하던 일도 없어지고 해야 할 일도 없어진 채 그저 좀 더 앉아 있기로 한다. 맛좋고 영양 많은 횟감용 생굴장사가 지나가는 그 위에 또 한 번 종소리 덩--하고 울려온다.

어느 해 봄 불 타기 전 낙산사 뒷방에 얼마쯤 머물자고 청했을 때 스님 한 분, 밥값으로 종두* 일을 권했으나 나는 그만 못하고 말았는데 이제 와 후회한다.

꽃 같은 손을 만들어 종을 밀어 때리면
뜰에선 목단꽃도 피었을 테지
목단꽃 겹겹처럼 곱디고운 뉘우침도 많았을 테지

후회는 기도를 낳고 나는
죽으면 동해에 움터오는 먼동이나 되어
어느, 밤 지새운 기도객의 맑은 눈자위에 불그스레 서려서

그를 보는 가슴을 아프게 할 거야
그를 보는 가슴을 꽃 쥐듯 아프게 할 거야

*) 절에서 종 치는 소임을 맡은 사람.

5

바위그늘 나와서 석류꽃 기다리듯

바위 곁에 석류나무 심었더니
바위 그늘 나와서는 우두커니
석류꽃 기다리네
장마 지나 마당 골지고
목젖 붉은 석류꽃 피어나니
바위는 웃어
천년이나 만년이나 감춰둔 웃음 웃어
내외內外하며 서로를 웃어
수수만년이나 아낀
웃음을 웃어
그러니까
세상에 웃음이 생겨나기 훨씬 전부터
울음도 생겨나기 이미 전부터
둘의 만남이 있었던 듯이
우리 만남도 있었던 듯이

대설大雪

함박눈 휘날리는데 나는
널따랗게 펼쳐진 대로변을
큰 황소나 네댓 마리
앞서거니 뒤서거니 세워 끌고서는
느릿느릿 어떤 굶는 여자나 많은
마을을 지나가고 싶다

그대로 움직이는 커다란 절간인 거야
그 대가람大伽藍의 배치 좀 봐
그렇지? 그렇지?
오, 바람 속 꽃송이야
전각마다 촛불 발갛게 타는
본 말사 천 간
풍경 소리 찬란하다

퇴계로 지나 어느덧 테헤란로 지나간다
출장 안마 가던 아가씨 눈물 그렁그렁 바라보네

요를 편다

요는 깔고 몸을 뉘는 물건
사랑을 나누는 물건
어느 날 죽음을 맞는 물건
도가풍道家風으로
요를 타고 하늘을 날고 싶거니
매미 우는 삼복 한여름에도
요를 펴고 누워
하늘을 부른다
몸은 요를 부르는 물건
사랑은 요를 부르는 물건
죽음은 요를 부르는 물건
꽃을 펴듯 요를 편다

하문下問 · 1

눈 오는 날엔
말을 트자
눈 속
드문드문
봄동 배추
그렇게
말을 트자

눈이 녹으면 다시
서로는
말을 높이자

그리하면 나는
살이 없으리

그리하면 너도
살이 없으리

기름진 것 먹지 말고
말을 트자

가을 저녁의 말

나뭇잎은 물든다 나뭇잎은 왜 떨어질까?
 군불 때며 돌아보니 제집으로 들어가기 전 마지막으로 꾸물대는 닭들

 윽박질린 달이여

 달이 떠서 어느 집을 쳐부수는 것을 보았다
 주소를 적어 접시에 담아 선반에 올려놓고

 불을 때고 등을 지지고
 배를 지지고 걸게 혼잣말하며
 어둠을 지졌다

 장마 때 쌓은 국방색 모래 자루들
 우두커니 삭고
 모래는 두리번대며 흘러나온다
 모래여
 모래여
 게으른 평화여

말벌들 잉잉대던 유리창에 낮은 자고
대신 뭇 별자리들 잉잉대는데

횃대에서 푸드덕이다 떨어지는 닭,
다시 올라갈 수 있을까?
나뭇잎은 물든다

나의 유산은

내 유산으로는
징검다리 같은 것으로 하고 싶어
장마 큰물이 덮었다가 이내 지쳐서는 다시 내보여주는,
은근히 세운 무릎 상부같이 드러나는
검은 징검돌 같은 걸로 하고 싶어

지금은,
불어난 물길을 먹먹히 바라보듯
섭섭함의 시간이지만
내 유산으로는 징검다리 같은 것으로 하고 싶어
꽃처럼 옮겨가는 목숨들의
발밑의 묵묵한 목숨
과도한 성냄이나 기쁨이 마셨더라도
이내 일고여덟 형제들 새까만 정수리처럼 솟아나와
모두들 건네주고 건네주는
징검돌의 은은한 부동不動
나의 유산은

중년

봉숭아는 분홍을 한 필
제 발등 둘레에 펼치었는데
마당은 지글거리며 끓는데
하산下山한 우리는 된 그늘을 두어 필씩 펼쳐놓고서
먹던 물대접 뿌려서 마당귀 돌멩이들 웃겨놓고서
민둥산을 이루었네

옥수수밭의 살림

옥수수밭가에 와 살고부터
나는 지금 옥수수밭가에 살고 있구나 생각했다
옥수수밭의 수런거림과 두근거리는 살림을 살피고부터
나도 저 옥수수밭의 살림이구나 생각했다
폭풍우가 검은 스크럼으로 덮치는 여름밤
조용히 어머니의 안부를 묻고 그리고
사랑이 없던 때도 생각했다

이 옥수수밭을 떠나 살고부터
이 옥수수밭을 생각할 것이다
그때는 옥수수밭 사이로 반딧불이들도 날을 것이다
허밍처럼 눈시울 속을 날을 것이다

첫눈을 기다림

녹이 슨 수레바퀴가 담장에 기대어 있네

낮게 드리운 하늘과 숲과는 아침부터 손톱 발톱 깎고
흐린 날을 골라 오는 더딘 객을 기다리는데

어스름에 불 켜면 불빛이나 들여다보러 오려는지
벗어놓은 신발짝이나 적시러 오려는지
허기진 소년배들처럼 몰려오려는지

정갈히 차리고 오는 새 풍경을
손발톱이나 좀 깎고 설레어 기다리니
그 참을성 많이 길러서 억울할 것 하나 없네

안부

오도카니 앉아 있습니다
이른 봄빛의 분주를 바라보고 있습니다
발목이 햇빛 속에 들었습니다
사랑의 근원이 저것이 아닌가 하는 물리物理도 생각하고 있습니다
이 빛이 그 방에도 들겠는데
가꾸시는 매화 분盆은 피었다 졌겠어요
흉내 내어 심은 마당가 홍매나무 아래 앉아 목도리를 여미기도 합니다
꽃봉오리가 날로 번져나오니 이보다 반가운 손님도 드물겠습니다
행사行事 삼아 돌을 하나 옮겼습니다
돌 아래, 그늘 자리의 섭섭함을 보았고
새로 앉은 자리의 청빈한 배부름을 보아두었습니다
책상머리에서는 글자 대신
손바닥을 폅니다
뒤집어보기도 합니다
마디와 마디들이 이제 제법 고문古文입니다
이럴 땐 눈도 좀 감았다 떠야 합니다
이만하면 안부는 괜찮습니다 다만
오도카니 앉아 있기 일쑵니다

망명

어둡는데
의자를 하나 내놓으면
어둠 속으로 의자는 가겠지
어둡는데
꽃 핀 화분도 하나 내놓으면
어둠 속으로 잠겨가겠지
발걸음도 내놓으면 가져가겠지

어둠은 그렇게 식구를 늘려서 돌아가
어둠을 오가는 넋에게도 길 닦아주고
견고한 잠 속에는 나라를 세우고 나머진
빛으로 돌려보낼 터

어둡는데 길을 나서면
한 줌 먼동으로 돌아올 터

어둠에 살을 준다
사랑에 살을 준다

■ 선집에 부쳐

살[肉]을 건너가는 법

장 석 남

 흰 돛을 매고 봄 바다를 꽃 떠내려가듯 건너가는 작은 배 한 척. 키를 잡은 이가 있고 뱃머리에는 수건을 두른 노인이 동그랗게 앉아 있고 사이에 한 물건이 누워 있다. 숨을 벗은 사람. 이 셋은 모두 원래 한 몸뚱이였다. 물을 치며 철썩철썩 소리를 내며 꽃 같은 물결을 만들면서 이 배는 어디로 가는 건가? 어디에 닿는 건가? 닿기는 하는 건가? 배는 간다. 하염없다.
 삶은 살 속에서 나와서 살을 항해해 간다. 그리고 살을 버리고 마침내 또 다른 살로 귀화해버린다. 살은 깊고 투명하다. 한없이 깊어서 그 끝이 없다. 그리하는 동안 살은 떨리고 떨리고 떨린다. 살은 떨린다. 살만이 떨린다. 살은 정신의 막이기 때문이라고 우선 생각해낸다. 살 바로 뒤에 정신이 있겠지. 아무 쓸데없는 그 짐승이 그 뒤에 숨어 살겠지.
 살은 칭얼댄다. 무엇인가를 달라고 보챈다. 살은 늘 결핍이다. 살에게 손을 주고 손등을 주고 손바닥을 준다. 발바닥을, 발등을 준다. 겨드랑이를 주고 눈물을 준다. 살은 늘 결핍이다. 살은 또한 충만이다. 퍼내도 퍼내도 끊임없이 흘러넘친다. 우물과 같고 늪과 같다. 넘치는 그것을 퍼내지 않으면 질척거린다.

살은 충만함과 결핍 모두를 힘들어하여 그 사이에 놓이기를 바란다. 그렇지만 그것은 아주 힘든 일이다. 그 사이는 오래된 사막과 같기 때문이다. 6억 년 동안의 가뭄이고 6억 년 동안의 홍수이다. 충만과 결핍 사이를 왕래하면서 지나치는, 쉴새없이 통과해야 하는 그 사이여야 한다. 그곳은 머물 만한 곳은 되지 못한다. 살에서 살 수는 없다. 영원히 그 위에서 살고 싶지만, 살 수 있을 것 같지만 살 위에 머물다 가는 그만 잠깐 사이 썩고 만다. 살은 그저 달콤하고 깊고 아득히 지나갈 수밖에 없다.

살은 숫돌과 같아서 지나가면 벼려진다. 아름답게 벼려지고 날카롭게 벼려지고 죽음을 부르는 노래처럼 절절히 벼려진다. 살을 조금만 파고 들어가도 죽음이 나온다. 살은 벼리는 것이지 파고 들어가는 것은 아니다. 그러나 사람들은 모두 살을 파고 들어가고 싶어한다.

"막이 열리면 한 사람, 하늘을 보며 서 있다." 이렇게 시작하는 연극 대본을 본 적이 있다. 간과 쓸개를 녹이는 극이었다. 그 대본은 지금 어디에서도 다시 찾을 수 없다. 그 대본은 누군가의 인생의 살이 되어 사라져버렸을지 모른다고 상상해 본다. 문득 아래와 같은 글을 읽을 때 그 주인공의 모습을 짐작해 보곤 한다.

"완적은 자가 사종嗣宗이고, 진류군 위씨 사람이다. 용모는 준수했고, 의기는 호방했다. 오만할 정도로 자득함이 넘쳤고, 본성에 따라 거리낌이 없었으며, 희로의 감정을 얼굴에 나타내지 않았다. 어떤 때는 문을 닫아걸고 책을 보며 몇 달이 지나도록 밖에 나오지 않았다. 어떤 때는 산을 오르고 물가를 찾아서 온종일 돌아올 줄 몰랐다. 온갖 서적을 널리 읽었고, 특히 노장을 좋아했다. 술을 좋아하고, 휘파람을 잘 불고, 거문고를 잘 탔다. 마음이 흡족할 때는 육체의 존재조차 잊었으니 당시 사람들로부터 미쳤다는 말을 들었다. 경원 4년(263) 겨울에 세상을 떠났는데 그때 나이 54세였다."

나는 삶을 건너는 법을 알지 못한다. 법도 알지 못한 채 그저 건너갈 뿐이다. 삶에는 죄도 있어서 괴롭지만 삶에는 간지럼도 있어서 순간 순간 즐겁다. 나는 삶의 깊이를 모른다. 다만 삶을 헤쳐 건너간다. 나의 삶을 건너가는 그대여. 그대의 삶을 건너가는 나여. 우리는 삶 위에서만 삶이리. 삶 위에서만 꽃이리. 삶 위에서만 진리이고 삶 위에서만 구원이리. 그곳까지 삶을 타고 가는 방법 이외 무엇이 있는지. 누구도 대답해주는 이는 없으리.

삶의 말은 혀를 거쳐 귀로 오는, 소리를 입은 말보다 진하고 깊고 아름답다. 삶은 한 번도 침묵한 적이 없고 늘 속삭이고 늘 헐떡이며 오열한다. 삶의 말은 침묵의 우레와 같다. 소나기와 같고 번개와 같다. 삶을 건너가면서 수없이 침몰하는 것이 인생이다. 그러나 다시 피투성이 돛을 달아주는 것이 또한 그것이다.

흰 돛을 매고 봄 바다를 꽃 떠내려가듯 건너가는 작은 배 한 척. 키를 잡은 이가 있고 뱃머리에는 수건을 두른 노인이 동그랗게 앉아 있고 사이에 한 물건이 누워 있다. 숨을 벗은 사람. 이 셋은 모두 원래 한 몸뚱이였다. 물을 치며 철썩철썩 소리를 내며 꽃 같은 물결을 만들면서 이 배는 어디로 가는 건가? 어디에 닿는 건가? 닿기는 하는 건가? 배는 간다. 하염없다. 나는 살 위에서 하염없다. 내가 만져보는 나의 살이 하염없고 그대의 살이 하염없다. 슬프다. 슬픔을 사랑해줄 이가 내 주위에 없고 내가 만든 그대의 슬픔을 내가 위로해줄 수가 없다. 오늘을 위로해 주지 못하는 내일, 내일을 보아주지 않는 오늘. 살의 날짜들이다. 아픔을 바람 삼아 가는 돛배. 그것 없이 가지 못하는 돛배. 위에서 나는 하염없다.

| 장 석 남 | 연 보 |

1965년 인천 덕적도에서 태어남. 인천에서 성장, 고등학교를 마침.

1986년 서울예술대학 문창과, 방송대와 인하대 대학원 국문과 박사과정 마침.

1987년 경향신문 신춘문예에 시「맨발로 걷기」당선.

1991년 첫시집『새떼들에게로의 망명』

1995년『지금은 간신히 아무도 그립지 않을 무렵』

1998년『젖은 눈』, 2009년 개정 재출간.

2001년『왼쪽 가슴 아래께에 온 통증』

2005년『미소는, 어디로 가시려는가』

2010년『뺨에 서쪽을 빛내다』

2012년『고요는 도망가지 말아라』

산문집 『물의 정거장』『물 긷는 소리』등.

受賞 김수영문학상 · 현대문학상 · 미당문학상 · 김달진문학상 등.

월간 ≪문학정신≫, 계간 ≪황해문화≫ 편집장 등을 거쳐 2003년부터 한양여자대학 문예창작과 교수로 재직.

〚한국대표명시선100〛을 펴내며

한국 현대시 100년의 금자탑은 장엄하다. 오랜 역사와 더불어 꽃피워온 얼·말·글의 새벽을 열었고 외세의 침략으로 역경과 수난 속에서도 모국어의 활화산은 더욱 불길을 뿜어 세계문학 속에 한국시의 참모습을 드러내게 되었다.

이 나라는 글의 나라였고 이 겨레는 시의 겨레였다. 글로 사직을 지키고 시로 살림하며 노래로 산과 물을 감싸왔다. 오늘 높아져 가는 겨레의 위상과 자존의 바탕에도 모국어의 위대한 용암이 들끓고 있음이다.

이제 우리는 이 땅의 시인들이 척박한 시대를 피땀으로 경작해온 풍성한 시의 수확을 먼 미래의 자손들에게까지 누리고 살 양식으로 공급하는 곳간을 여는 일에 나서야 할 때임을 깨닫고 서두르는 것이다.

일찍이 만해는 「님의 침묵」으로 빼앗긴 나라를 되찾고 잃어가는 민족정신을 일으켜 세우는 밑거름으로 삼았으며 그 기룸의 뜻은 높은 뫼로 솟아오르고 너른 바다로 뻗어나가고 있다.

만해가 시를 최초로 활자화한 것은 옥중시 「무궁화를 심고자」(《개벽》 27호 1922. 9)였다. 만해사상실천선양회는 그 아흔 돌을 맞아 만해의 시정신을 기리는 일의 하나로 '한국대표명시선100'을 펴내게 된 것이다.

이로써 시인들은 더욱 붓을 가다듬어 후세에 길이 남을 명편들을 낳는 일에 나서게 될 것이고, 이 겨레는 이 크나큰 모국어의 축복을 길이 가슴에 새겨나갈 것이다.

만해사상실천선양회

한국대표명시선100 | 장석남

꽃밭을 바라보는 일

1판1쇄 발행　2013년 1월 29일
1판2쇄 발행　2013년 10월 25일

지 은 이　장석남
뽑 은 이　만해사상실천선양회
펴 낸 이　이창섭
펴 낸 곳　시인생각
등 록 번 호　제2012-000007호(2012.7.6)
주　　　소　경기도 양평군 옥천면 고읍로 164
　　　　　　㈜476-832
전　　　화　(031)955-4961
팩　　　스　(031)955-4960
홈 페 이 지　http://www.dhmunhak.com
이 메 일　lkb4000@hanmail.net

값 6,000원

ⓒ 장석남, 2013

ISBN　978-89-98047-16-0　03810

* 저자와의 협의에 의하여 인지를 생략합니다.
* 이 책의 저작권은 저자와 시인생각에 있습니다.
* 잘못된 책은 책을 구입하신 서점에서 교환하여 드립니다.

※ 이 책은 만해사상실천선양회의 지원으로 간행되었습니다.